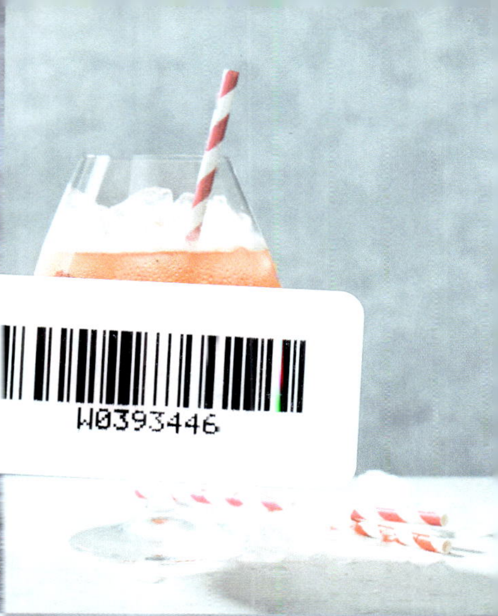

DURSTLÖSCHER

erfrischend zischend

EMF

EIN BUCH DER
EDITION MICHAEL FISCHER

Inhalt

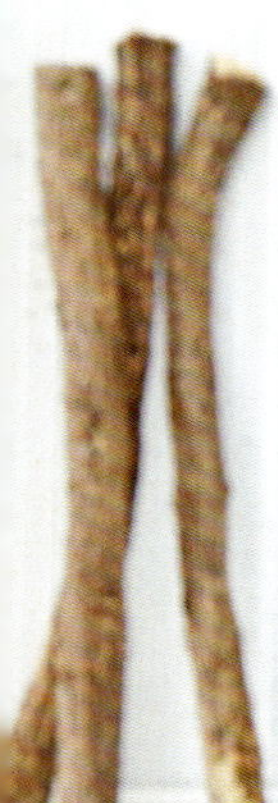

AROMAWASSER

AGUA FRESCA – FRUCHTIG UND HERZHAFT

EISTEE & EISKAFFEE

LASSIS

SNACKREZEPTE

Vorwort

ERFRISCHEND NATÜRLICH!

In der Luft liegt der Geruch von frisch gemähtem Gras, die Vögel zwitschern und die Temperaturen klettern in die Höhe. Es ist Sommer! Endlich ist die Zeit gekommen, in der wir den sonnigen Nachmittag im Park verbringen, uns mit Freunden zum Grillen treffen und laue Abende auf dem Balkon ausklingen lassen können. Eine prickelnde Erfrischung und kleine Knabbereien dürfen dabei natürlich nicht fehlen!

Viele industriell hergestellte Erfrischungsgetränke sind häufig ja vor allem eins: süß! Bei der Herstellung von hausgemachten Getränken, lassen sich die Zuckerart und -menge selbst bestimmen und für ein fruchtiges Geschmackserlebnis sorgen, das ohne Konservierungsstoffe und künstliche Zusätze auskommt. Wer nach abwechslungsreichen, alkoholfreien Getränken für zu Hause, die Pause im Büro oder die Gäste der nächsten Gartenparty sucht, hält genau das passende Buch in den Händen. Wir zeigen euch, wie man Limonade, Eistee und Co. ganz einfach selbst zubereitet, und reichen dazu kleine süße und herzhafte Snacks!

Heimische Saisonstars oder fruchtige Exoten, kombiniert mit aromatischen Gewürzen und frischen Kräutern, werden mit unseren Rezepten im Handumdrehen zu natürlichen Durstlöschern. Aus kreativen Aromakombinationen entstehen prickelnde Limonaden, Shrubs und Fassbrausen, erfrischende Aromawasser, Eistees und einiges mehr. Ein kühles Melonen-Agua-Fresca oder eine Limetten-Ingwer-Limonade mit Zitronengras sind nur zwei der belebenden Alternativen zu klassischen Saftschorlen, die ohne großen Aufwand in kurzer Zeit zubereitet werden können.

Als Einstieg findet ihr Tipps zur Herstellung hausgemachter Limonaden, Hinweise zum Einkochen und Konservieren von Sirup, Infos zu Sprudelwasser sowie eine Übersicht aromatischer Zutaten, die vielleicht als Inspiration dienen, eigene Kombinationen auszuprobieren. Bevor es losgeht, gibt es noch ein paar Ideen, z. B. wie Eiswürfel zu echten Hinguckern werden oder der Glasrand zu einem Geschmackserlebnis wird.

Viele erfrischende, zischende Momente wünschen euch

Anton + Nadja

The Power of Sour

DIE BASICS

Wenn das Leben dir Zitronen gibt …

Die Grundzutaten einer Limonade sind Säure, Zucker und Wasser. Bereits in der Antike soll es ein limonadenähnliches Erfrischungsgetränk gegeben haben, das aus Wasser und Fruchtessig hergestellt wurde. Dieses sogenannte „Posca“ soll sich bei den Römern durch die einfache Zubereitung großer Beliebtheit erfreut haben. In den 1770er-Jahren gelang es dem britischen Apotheker Thomas Henry, Wasser mit Kohlensäure anzureichern. Sein Verfahren diente zunächst dem Haltbarmachen von Trinkwasser für die Seefahrt, fand aber nach kurzer Zeit auch Verwendung in der Getränkeherstellung. Als Urtyp der klassischen Zitronenlimonade gilt heute das ebenfalls aus England stammende Lemon Squash: eine natürliche Limonade aus Wasser, Zitronensaft und Zucker.

Kleines Limonaden-Einmaleins

ANDERE LÄNDER, ANDERE LIMOS

Süße, herbe, bittere, säuerliche oder auch salzige Limonaden bieten rund um den Globus abwechslungsreiche Erfrischungen. „Chanh muối" ist z. B. ein Getränk aus Vietnam, für das in Salz eingelegte Zitronen verwendet werden. Das schwedische „Sockerdricka" ist ursprünglich eine fermentierte Limonade auf Basis von Ingwer, Zucker und Zitronensaft. Bekannter sind sicher „Ginger Ale" und „Tonic Water", die zu den klassischen Bitterlimonaden zählen. Die Verbindung aus herben Noten und feinen Zitrusaromen sorgt hier für Frische, die durch das Prickeln der Kohlensäure unterstützt wird.

Entscheidend für den Geschmack und die Aromen sind Temperatur und Kohlensäure. Gut gekühltes Sprudelwasser sowie Eiswürfel oder Crushed Ice sind ein absolutes Muss. Denn eine Limonade schmeckt weniger süß und ihre feinen Aromen treten klarer hervor, je kälter sie getrunken wird. Wer für das Sprudelerlebnis nicht zu natürlichem Mineralwasser greift, kann mit einem „Soda Siphon" oder anderen Wassersprudlern z. B. Leitungswasser mit Kohlensäure versetzen (siehe Seite 13). Das prickelnde Gefühl auf der Zunge gehört zum Limonadengenuss einfach dazu!

LIMONADE AUF DIE SCHNELLE

Das Prinzip einer kalt gerührten Limonade ist ganz einfach: Man nehme Fruchtsaft, Zitronensaft, Zucker und etwas Wasser, gebe alles in eine Schale und rühre so lange, bis sich alle Komponenten gut miteinander verbunden haben. Honig und Agavendicksaft lösen sich schneller auf und sind daher bei der Zubereitung eine gute Alternative zu Zucker. Diese Variante ist vor allem dann ratsam, wenn es schnell gehen soll und die Limo zum sofortigen Verzehr gedacht ist, denn kaltgerührte Limonade eignet sich nicht für den Vorrat.

GEKOCHT, NICHT GERÜHRT

Limonade kann aber auch auf Sirupbasis hergestellt werden. Der Vorteil ist zum einen die längere Haltbarkeit; zum anderen können sich viele Aromen von Kräutern und Gewürzen beim Erhitzen besser entfalten. Das Konzentrat, das dabei entsteht, ist obendrein sehr ergiebig: Aus 500 Milliliter Sirup lassen sich mit Wasser etwa 2,5–3 Liter Limonade aufsprudeln – je nachdem wie intensiv man den Geschmack der Limonade mag. Viele unserer Limonadenrezepte basieren daher auf dieser Zubereitungsart.

Für die Herstellung von Sirup eignet sich Obst aller Art: Beeren, Steinobst, exotische Früchte – aber auch Gemüse. Wichtig dabei ist, dass man frische Zutaten in guter Qualität verarbeitet. Die Früchte sollten gut geputzt und von Schadstellen befreit werden. Faulige Früchte gehören nicht in den Topf – denn sie würden dafür sorgen, dass der Sirup schnell verdirbt. Wenn Schalen oder Abrieb verwendet werden, sollte man zu Produkten in Bio-Qualität greifen.

Erst bei wirklich reifen Früchten ist das Aroma voll ausgeprägt. Je nach Reifegrad und Säuregehalt hat dann die Frucht schon eine angenehme Süße. Gerade zur Saison haben z. B. Erdbeeren ein besonders intensives Aroma und bringen einen hohen Fruchtzuckergehalt mit, der kein Nachzuckern mehr verlangt. Will man Sirup einkochen, wird dieser durch die Zugabe von Zucker erst haltbar gemacht. Das Experimentieren mit verschiedenen Zuckersorten (siehe Seite 14) lohnt sich, denn jede Art hat ihren eigenen Geschmack. Rohrohrzucker, mit leicht karamellartiger Note, ist in diesen Rezepten der am häufigsten verwendete Zucker.

Fruchtige Süße verträgt auch immer etwas Säure, denn ein Schuss Zitronensaft oder Essig prägt die Aromen klarer aus. Hierfür nimmt man am besten frisch gepressten Zitronen- oder Limettensaft – kein Konzentrat, das synthetisch hergestellt wurde und dessen Geschmack unter Umständen durch künstliche Aromen verfälscht ist. Bei der Kombination von Frucht, Säure und Zucker gilt es, die perfekte Balance zu finden: Dafür spielen Art und Reife der Frucht eine genauso große Rolle wie der persönliche Geschmack. Bei der Zuckermenge darf gern variiert werden; mit Honig oder Agavendicksaft kann man später noch nach ganz persönlichem Belieben nachsüßen.

SIRUP EINKOCHEN

Sirup lässt sich wunderbar in größeren Mengen herstellen und ist in Gläsern konserviert mehrere Monate lang haltbar. Damit er nicht verdirbt, müssen Flaschen, Gläser sowie Verschlüsse und Deckel vor dem Abfüllen gründlich gereinigt und sterilisiert werden. Beachtet man dabei ein paar wichtige Arbeitsschritte, sind Haltbarkeit und Genuss garantiert. Ganz nebenbei entsteht zudem ein schönes Mitbringsel für den Gastgeber der nächsten Gartenparty.

Bügelflaschen sehen besonders schön aus, ausgediente Marmeladengläser eignen sich für das Einkochen von Sirup ebenfalls hervorragend. Nachdem die Gefäße gut gespült wurden, müssen sie zusätzlich sterilisiert werden. Weil sich unter den Gummis der Bügelverschlüsse Keime gebildet haben könnten, sollten diese abgenommen und separat gespült werden. Die Metalldeckel, Verschlüsse und Gummis der Gefäße sterilisiert man mindestens 10 Minuten in sprudelnd kochendem Wasser. Glasflaschen und Schraubgläser werden bei 140 °C (Umluft) 10–15 Minuten im Backofen erhitzt, um mögliche Keime abzutöten.

Anschließend wird der Sirup heiß in die sterilisierten Gläser und Flaschen abgefüllt und mit dem Deckel sofort fest verschlossen. Wichtig dabei ist, so sauber wie möglich zu arbeiten, um Verunreinigungen sowohl in der Flüssigkeit als auch am Behältnis zu vermeiden. Der Sirup ist abgefüllt mindestens 6 Monate lang haltbar. Am besten beschriftet ihr die Flaschen mit Inhalt und Abfülldatum, damit es später nicht zu Verwechslungen kommt, bevor ihr sie an einem kühlen und dunklen Ort lagert.

Für die Erfrischung zwischendurch gießt man den Sirup dann nur noch nach Belieben mit eiskaltem Sprudelwasser auf und serviert die Limonade mit Eiswürfeln. Wir empfehlen hierfür ein Mischverhältnis von 1:5; 1 Teil Sirup, 5 Teile Sprudelwasser. Geöffnete Sirupflaschen müssen im Kühlschrank aufbewahrt und innerhalb von 1 Woche aufgebraucht werden. Empfehlenswert ist, den Sirup deshalb in kleineren Portionen von je etwa 250 Millilitern abzufüllen.

Vorsicht, Explosionsgefahr

In Sirupflaschen oder -gläsern, in denen sich Blasen oder Schaum bildet, hat ein Gärprozess begonnen. Dieser Sirup sollte entsorgt und nicht mehr verwendet werden. Beim Öffnen ist höchste Vorsicht geboten: Die Flaschen stehen möglicherweise unter Druck, sodass beim Öffnen der Sirup bis zur Zimmerdecke spritzen kann. Bei sauberem, sorgfältigem Verarbeiten und Abfüllen sollte es dazu allerdings nicht kommen.

PRAKTISCHE KÜCHENHELFER

ZITRUSPRESSE

Zitronen, Limetten oder Orangen zu entsaften ist nicht schwer: Zum Pressen von kleineren Mengen ist eine einfache Zitruspresse völlig ausreichend. Wer z. B. größere Mengen Sirup herstellen möchte, nimmt eine Hebelpresse zu Hilfe. Wenn man keine Presse zur Hand hat, rollt man die Frucht zunächst auf der Arbeitsfläche hin und her, halbiert sie und drückt die Hälften über einem Sieb aus.

ZESTENREISSER

Die Schalen von Zitrusfrüchten sind hervorragende Geschmacksgeber bei der Herstellung von Limonaden oder Aromawasser. Mit einem Zestenreißer löst man die Schale besonders dünn und in schmalen Streifen von der Frucht. Keinen Zestenreißer zur Hand? Mit einem Sparschäler schneidet man zwar breitere Streifen, doch er erfüllt denselben Zweck.

STANDMIXER

Ein wirklich praktischer und vielseitiger Helfer ist der Standmixer: Ob beim Pürieren von Früchten, Mixen von Zutaten oder Zerkleinern von Eiswürfeln – entscheidend ist seine Kraft. In Küchen ohne Standmixer kann auch zum Stabmixer gegriffen werden, dieser hat allerdings weniger Power, sodass das Ergebnis unter Umständen nicht ganz so fein wird.

SIEB

Ein feinmaschiges Sieb zum Abseihen von Gewürzen, Kräutern, Kernen oder Fruchtfleisch sorgt für eine klarere Flüssigkeit und macht mühsames „Herausfischen" überflüssig. Mit einer Schöpfkelle lässt sich hervorragend der Saft der Früchte durch das Sieb pressen.

PASSIERTUCH

Sogenannte Passier- oder Seihtücher sind aus Halbleinen oder Baumwolle erhältlich. Ein sauberes Geschirrtuch kann aber auch verwendet werden, um kleinste Partikel aus der Flüssigkeit zu filtern und ihr so ein feineres Bild zu verleihen.

TRICHTER

Beim Abfüllen in Flaschen und Gläser erleichtert ein Trichter sauberes Arbeiten ungemein. Erhältlich sind sie mit unterschiedlichen Auslaufweiten, je nach Größe der Gefäßöffnung und Konsistenz der Flüssigkeit.

GLÄSER, FLASCHEN & CO.

Marmeladengläser, Einmachgläser, Bügelflaschen oder Glasflaschen mit Schraubverschluss eignen sich gut, um Sirup für einen kleinen Vorrat einzukochen. Wichtig ist, dass die Gefäße gut ausgewaschen und steril sind. PET- und Kunststoffflaschen lassen sich schlecht sterilisieren, da sie nicht hoch erhitzbar sind.

Prickelnd, spritzig, fein perlend …

Zu einer
prickelnden
Erfrischung
wird eine Limonade erst mit herrlich
sprudelndem Wasser.
Das spritzige Erlebnis ist
perfekt, wenn die Kohlensäure
sanft den Gaumen kitzelt. Welches
Wasser man verwendet, ist Geschmackssache und über Geschmack lässt sich
bekanntlich nicht streiten. So verwendet
jeder das Wasser, das er am liebsten mag!
Geeignet ist Mineralwasser oder
individuell mit Kohlensäure versetztes
Wasser, um den Sirup aufzusprudeln.
Ganz nach persönlicher Vorliebe –
probiert selbst!

Das passende Sprudelwasser

WASSER MARSCH!

Die Temperaturen steigen und mit ihnen der Flüssigkeitsbedarf unseres Köpers, der zum Großteil aus Wasser besteht. 2–3 Liter sollte ein erwachsener Mensch täglich trinken – an heißen Sommertagen sogar deutlich mehr. Zum erfrischenden Durstlöscher gehört daher das passende Wasser. Für das Picknick im Park oder unterwegs greift man zu Mineralwasser in Flaschen, zu Hause verhilft der Wassersprudler zum prickelnden Genuss. Die Möglichkeiten, Sommergetränke wie Limonade oder Aromawasser aufzusprudeln, sind vielfältig und lassen sich nach Lust, Geschmack oder Anlass variieren.

NATÜRLICHES MINERALWASSER

Aus Wasservorkommen, die tief unter der Erde liegen, wird natürliches Mineralwasser gewonnen. In Deutschland gibt es etwa 200 Unternehmen, die Wasser aus der Tiefe ans Tageslicht befördern und unter hohen Auflagen als Mineralwasser in den Handel bringen. Je nach Region bzw. Quelle variiert der Mineralstoffgehalt des Wassers. Dadurch ist kein Mineralwasser im Geschmack wie das andere: Ist das eine leicht salzig, mag das andere geschmacklich eher bitter oder säuerlich sein. Für das Aufsprudeln einer Limonade ist die Lieblingssorte in jedem Fall geeignet. Spritzig oder medium: der Kohlensäuregehalt lässt sich durch die Wahl des Mineralwassers beeinflussen. Da Kohlensäure nach einiger Zeit aus dem Getränk entweicht, sollte man zu einer stärker sprudelnden Sorte greifen.

SODAWASSER

Wasser, das mit Natron und Kohlensäure angereichert ist, nennt sich Sodawasser. Es wird selten pur getrunken, sondern dient vielmehr zum Mixen von Cocktails und anderen Getränken. Sodawasser perlt wunderbar, schmeckt aber – durch das Natron – leicht salzig. In herben oder besonders süßen Limonaden ist das fein prickelnde Sodawasser daher ein schöner geschmacklicher Kontrast und ein toller Aromenausgleich, der als spannende Alternative zu „klassischem“ Sprudelwasser probiert werden sollte. Erhältlich ist es in gut sortierten Getränkemärkten.

LEITUNGSWASSER

In Deutschland finden wir Leitungswasser – als das am strengsten kontrollierte Lebensmittel – in einer ausgezeichneten Qualität vor. Auch hier gibt es regionale Unterschiede: Je nach Ort können für einen besseren Geschmack unerwünschte Schwebstoffe mit einem Wasserfilter herausgefiltert werden. Ansonsten kann das Wasser aus der Leitung ganz nach individuellem Belieben aufgesprudelt oder auch still für ein Aromawasser verwendet werden.

WASSER SPRUDELN LASSEN

Mithilfe eines „Soda Siphons“ oder Wassersprudlers lässt sich Trink- bzw. Leitungswasser mit Kohlensäure versetzen. Der Vorteil dieser Variante ist, dass man den Kohlensäuregehalt selbst dosieren kann; ganz nach Belieben oder passend zum Getränk.

Die Geschichte des „Soda Siphons“ geht bis ins 18. Jahrhundert zurück: Der Wassersprudler gehört somit zu den ältesten Barutensilien, um Getränke mit Kohlensäure anzureichern. Er besteht aus einer Flasche und einem Schraubkopf mit Kapselhalter. Nachdem man die Flasche etwa zur Hälfte mit Wasser befüllt hat, schraubt man den Kopf auf. In den Halter am „Siphon“-Kopf wird eine CO_2-Kapsel eingesetzt. Das Kohlenstoffdioxid (CO_2) entweicht dann durch ein Rohr in die Flasche. Mit Drücken des Hebels sprudelt das Wasser aus dem „Siphon“ direkt ins Glas. Nach einem ähnlichen Prinzip funktionieren auch Trinkwassersprudler, die seit den 1970er-Jahren in Haushalten Leitungswasser zu Sprudelwasser werden lassen. Gekühltes Wasser kann mehr Kohlenstoffdioxid aufnehmen. Stellt man den befüllten „Siphon“ oder die Wasserflaschen vor dem Aufsprudeln für einige Zeit in den Kühlschrank, kann das Wasser später stärker mit Kohlensäure versetzt werden.

Mix & Match

Natürliche Aromen für Limonade, Eistee & Co.

Um Sommergetränke zu aromatisieren, gibt es viele spannende Zutaten. Die Zugabe von Kräutern, Gewürzen oder verschiedenen Zuckersorten bieten abwechslungsreiche Geschmacksrichtungen. Hier findet ihr eine Auswahl unserer Favoriten, die auch Inspiration für eure ganz eigenen Kombinationen sein können.

SÜSSUNGSMITTEL

Kristallzucker ist ein aus der bei uns heimischen Zuckerrübe gewonnener Rübenzucker. Der Zucker wird mehrfach gereinigt und gemahlen (raffiniert), wodurch er am Ende seine reinweiße Farbe erhält. Er eignet sich, genau wie Rohrzucker, gut für die Herstellung von Sirup.

Rohrohrzucker wird aus tropischem Zuckerrohr hergestellt. Dieses wird ausgepresst und zu einem Sirup verkocht, der später mit Zuckerkristallen angereichert wird. Durch die anhaftende Melasse bekommen die Kristalle eine braune Farbe und der Zucker eine karamellartige Note.

Vollrohrzucker entsteht ebenfalls aus Zuckerrohr, das ausgepresst und eingekocht wird. Nach dem Abkühlen und Trocknen wird die Masse gemahlen und bleibt darüber hinaus unbehandelt.

Kokosblütenzucker wird aus dem Nektar der Kokospalme gewonnen und erinnert wie Rohrzucker im Geschmack an Karamell. Als ein sehr nährstoffreiches Produkt, mit vielen Mineralstoffen und Spurenelementen, gehört es zu den „gesünderen" Süßungsmitteln.

Honig ist als natürliches Süßungsmittel eine sehr gute Alternative zu Zucker. Waldhonig hat würzigere Aromen als milder Sommer- oder Akazienhonig. Hier gilt: Je dunkler, desto kräftiger. Verschiedene Sorten zu probieren lohnt sich. Honig eignet sich gut zum Süßen von kalt gerührten Limonaden.

Agavendicksaft bringt eine feine Fruchtsüße mit und eignet sich wegen seiner hohen Löslichkeit gut zum Nachsüßen oder für die Zubereitung der kalt gerührten Limovariante. Das aus der mittelamerikanischen Agave gewonnene Süßungsmittel besteht zu 100 Prozent aus Fruchtzucker.

FRISCHE KRÄUTER & CO.

Ingwer ist eine tropische Gewürzpflanze aus Südostasien. In der Küche kommt der Wurzelstock der Pflanze zum Einsatz. Den scharfen Charakter verleihen ihm die Scharfstoffe Gingerol und Shogaol. Frisch gerieben oder in dünnen Scheiben aufgeschnitten, entfaltet er sein Aroma am besten. Schärfe und Frische bringt er in Limonade, Aromawasser oder auch Eistee.

Galgant gehört, aus Südostasien stammend, zur Familie der Ingwergewächse. Trotz der Schärfe bringt er ein süßliches Aroma mit. Erhältlich ist er frisch oder getrocknet.

Zitronengras enthält viel des ätherischen Öls Citral und gibt ein sanftes Aroma ab, das sich am besten entfaltet, wenn die Halme angeklopft und mitgekocht werden. Es eignet sich für die Herstellung von Sirup oder Eistee.

Minze gibt es in zahlreichen Sorten. Ob Ananas-Minze, Schokoladen-Minze oder Limonen-Minze, alle Sorten haben ein ganz eigenes Aroma, das sich zu probieren lohnt – vor allem in hausgemachten Aromawassern.

Salbei ist kräftig, fast dominant im Geschmack. Er sollte wegen der starken Würzkraft sparsam verwendet werden. Die Blätter haben ein leicht bitteres, harziges Aroma. Ananassalbei hat z. B. neben den typischen Salbeiaromen einen aromatisch fruchtigen Geschmack.

Estragon kommt ursprünglich aus dem asiatischen Raum. Französischer Estragon ist aromatischer als Russischer Estragon, der weniger ätherische Öle enthält. Seine herben Noten sorgen für interessante Kontraste.

GEWÜRZE

Kardamom stammt aus Indien und Sri Lanka. Die Länder zählen noch heute zu den Hauptanbaugebieten. Die getrockneten grünen Kapseln können als Ganzes mitgekocht oder zuvor zerstoßen werden, um die Samen auszulösen. Sie verleihen Sirup und Tees ein süßlichwürziges Aroma.

(Ceylon-) Zimt ist die gerollte getrocknete Rinde des Zimtbaums. Die Stangen lassen sich im Ganzen mitkochen oder reiben. Frisch gerieben, entfaltet sich das Aroma besser als bei bereits gemahlen gekauftem Zimt. Zum Reiben verwendet man eine feine Küchenreibe.

Zimtblüten erinnern optisch an Gewürznelken und sind botanisch gesehen die unreifen Früchte des Zimtbaums. Ihr Aroma ist süßlich bis herb und sie eignen sich hervorragend für die Herstellung von Eistees und Sirupen.

Lavendel wird gern in den Küchen des Mittelmeerraums verwendet. Sorgsam dosiert, verleihen die Blüten den Getränken eine interessante und angenehm blumige Note. Wer die Blüten nicht selbst trocknet, findet sie im Gewürzregal im Supermarkt.

Tonkabohne ist der Samen des tropischen Tonkabaums. Die Bohne enthält einen hohen Anteil an Cumarin und sollte daher eher sparsam verwendet werden. Die Aromen, die an Marzipan und Vanille erinnern, entfalten sich frisch gerieben am besten.

Sternanis kommt ursprünglich aus China und ist bei uns vor allem als Weihnachtsgewürz bekannt. Allerdings verleiht er Eistees oder auch Aromawassern im Sommer eine orientalische Note.

Vanille gilt als die „Königin der Gewürze". Bereits die Azteken nutzten sie zum Würzen ihres Kakaos. Die Schoten werden getrocknet und fermentiert, damit sie ihren charakteristischen süßlichen Geschmack erhalten.

Pfeffer gibt es in vielen verschiedenen Sorten. Grüner, schwarzer oder weißer Pfeffer ist sicher bekannter als Malabar-, Kubeben- oder Stangenpfeffer. Die unterschiedlichen Sorten bringen fruchtige, süße oder bittere Aromen mit, die man probieren sollte.

Salz in Limonade lässt diese z. B. weniger bitter schmecken. Besonders spannend wird es, wenn man natürlich aromatisiertes Zitronen- oder Vanillesalz verwendet. Aromatisierte Salze kann man einfach selbst mischen.

Süßholzwurzel schmeckt süßlich und anisähnlich. Der Saft der Wurzel ist die Grundzutat bei der Herstellung von Lakritz. Bei jeder selbst gemachten Fassbrause gehört sie mit auf die Zutatenliste.

Wacholderbeeren sind botanisch gesehen Beerenzapfen, die sich aus den gelben Blüten des Wacholderbaums entwickeln. Aus den getrockneten Beeren wird seit dem 18. Jahrhundert Gin gebrannt. Die bitteren, warmen Aromen brauchen in Sirup starke Geschmackspartner.

ZITRUS & CO.

Zitronen oder Limetten in Saftform gehören in jede Limo. Sie sorgen für Frische und einen Ausgleich von Süße.

Yuzu ist die Frucht des asiatischen Yuzu-Strauchs und nicht mit einer gewöhnlichen Zitrone zu verwechseln. Sie hat weniger ein saures, dafür komplexes Aroma mit Nuancen von Grapefruit und Mandarine. Yuzu-Saft findet man im Asialaden oder online.

Kumquat erinnern an Miniaturorangen, gehören botanisch gesehen aber nicht zu den Zitrusgewächsen. Die sehr druckempfindlichen Früchte besitzen eine herbe Schale, die generell ungespritzt ist, sowie ein süßsäuerliches Fruchtfleisch.

Limequat ist eine Kreuzung aus Kumquat und Limette, mit einer Größe von 3–4 cm. Diese Frucht hat eine erfrischend aromatische Schale und ist komplett (mitsamt der kleinen Kerne) essbar.

Natürlich schön!

Frische Dekoideen für Durstlöscher

Schirmchen, Glitzerwedel oder Plastikflamingos ade: Da das Auge nicht nur mitisst, sondern selbstverständlich auch mittrinkt, gibt es auf dieser Seite ein paar Tipps, wie ihr eure Durstlöscher mit natürlichen Zutaten in echte Hingucker verwandeln oder ihnen einen extra Geschmackskick verleihen könnt.

GLÄSER & GEFÄSSE

Bauchig oder schlank, für Wein oder Sekt – Gläser in ganz unterschiedlichen Formen und Größen gibt es in wohl jedem Haushalt. Warum nicht eine prickelnde Limonade in einem Sekt- oder Weinglas servieren? Getränke sehen in unterschiedlichen Marmeladengläsern oder Mason Jars – den amerikanischen Einmachgläsern – nicht nur auf einem gedeckten Gartentisch hübsch aus. Jäger und Sammler haben vielleicht eine Gruppe schöner Glasgefäße von Smoothies, Joghurts oder pfandfreien Getränken aufbewahrt – das „Senfkristall" blüht, gefüllt mit hausgemachten Durstlöschern, gewiss in neuer Schönheit auf.

TRINKHALME

Es gibt sie klassisch aus Kunststoff, aber auch aus Papier oder Stroh. Tatsächliche Strohhalme – also Trinkhalme aus echtem Stroh – findet man in Bio-Märkten. Sie sind zu 100 Prozent biologisch abbaubar und somit die wohl ökologischste Trinkhalm-Variante. Die bunt gemusterten Papiertrinkhalme sehen im Glas hübsch aus, werden aber am besten erst kurz vor dem Servieren in die Flüssigkeit gestellt; sie weichen schnell durch und eignen sich deshalb nicht, um lange an einem Drink zu verweilen. Den Durchmesser wählt man am besten je nach Getränk: So lässt sich z. B. ein sämiger Lassi leichter durch einen dicken Trinkhalm genießen.

SPIESSE & STÄBE

Spieße oder Rührstäbe sind beliebt zum Aufspießen von Kräutern und Früchten oder zum Umrühren der Getränke. Holz- oder Metallstäbe in verschiedenen Designs sehen hübsch aus und können passend zum Getränk oder Motto des Abends gewählt werden. Vor allem wenn man Sirup und Wasser direkt ins Glas füllt – nicht vorher in einer Karaffe mischt –, ist ein Rührstab eine sinnvolle Zugabe.

CRUSTARAND

Glasränder können mit einer Verzierung aus Zucker, Salz, gemahlenen Nüssen, Kokosraspeln usw. nicht nur zu einem Hingucker werden, sondern auch ein zusätzliches Geschmackserlebnis bieten. Dafür befeuchtet man zunächst den Glasrand mit Zitronensaft und taucht ihn anschließend in eine Schale mit Zucker oder anderen Zutaten. Den Rand trocknen lassen, Getränk ins Glas füllen und mit Eis servieren. Ob ihr der säuerlichen Limonade mit einem Zuckerrand ein wenig Süße verleiht oder das Aromawasser mit Gurke durch einen Zitronensalzrand etwas herzhafter werden lasst – eurer Fantasie sind keine Grenzen gesetzt!

Tipps: Ein Zitronensalz lässt sich z. B. ganz einfach selbst herstellen. Dazu mischt man 80–100 g Salz mit dem feinen Abrieb einer Zitrone, breitet die Mischung auf einem mit Backpapier ausgelegten Backblech aus und lässt sie im Ofen bei 60 °C (Umluft) etwa 2 Stunden trocknen. Auch spannend und lecker: Für einen süß-salzigen Rand mischt ihr Zucker und Salz im Verhältnis 3:1.

EISWÜRFEL & CRUSHED ICE

Eis darf in keinem erfrischenden Sommergetränk fehlen! Denn eine Limonade ohne Eis ist wie ein Winter ohne Schnee. Generell gilt: Größere Eiswürfel schmelzen langsamer, kühlen gleichmäßig und verwässern das Getränk erst nach einer Weile. Crushed Ice hingegen schmilzt durch die kleineren Stücke schneller als Eiswürfel. Dadurch kühlt der Drink stärker herunter, das Getränk wird allerdings dadurch auch schneller verwässert.

Um Crushed Ice oder noch feineres Shaved Ice, z. B. für Snow Cones (siehe Seite 50), selber zu machen, kann man Eiswürfel einfach in einem leistungsstarken Standmixer zerkleinern. Möglich ist auch, die Eiswürfel in einen Gefrierbeutel zu füllen, diesen zu verschließen, um dann mit einem Fleischklopfer oder Nudelholz die Würfel zu zerstoßen.

Blumen, Sterne oder einfach Würfel: Eiswürfelbereiter gibt es in den unterschiedlichsten Formen. Wer mag, kann in die Formen zusätzlich essbare Blüten (z. B. von Veilchen, Ringelblume, Borretsch, Schmuckkörbchen), Beeren oder Kräutern legen, bevor er sie mit Wasser füllt und zum Gefrieren ins Eisfach stellt. Eiswürfel lassen sich auch aus Tee, Kaffee oder Fruchtsaft herstellen und kühlen das Getränk mit einem Extra an aromatischem Geschmack.

Gefrorene Beeren im Ganzen oder Zitrusfrüchte in Scheiben kühlen ebenfalls hervorragend sommerliche Getränke. Eine schöne Alternative zu Eiswürfeln sind auch gefrorene Melonenkugeln (siehe Seite 43). Dafür aus einer Melone Kugeln ausstechen, diese einfrieren und anschließend wie Eiswürfel ins Getränk geben. Anderes wasserhaltiges Obst (z. B. Papaya) oder Gemüse (z. B Gurke) könnt ihr anstelle der Melone ebenfalls verwenden. Wer keinen Kugelausstecher besitzt, kann Früchte und Gemüse natürlich auch in Würfel schneiden und einfrieren.

FRÜCHTE & KRÄUTER

Früchte in Scheiben intensivieren den Geschmack und sehen im Glas schön aus. Das Kerngehäuse vom Apfel hat z. B. eine Sternform, wenn man ihn entgegen der „gewohnten“ Richtung aufschneidet. Hier darf gern experimentiert werden!

Kräuter wie frische Minze, Basilikum oder Rosmarin können mit ihrem Stängel beim Umrühren helfen, geben zusätzliches Aroma und sind ein echter Blickfang. Schlägt man die Zweige von Minze und Rosmarin zuvor an der Tischplatte an, können sich die ätherischen Öle im Getränk noch besser entfalten.

Als Dekoration von Getränken gehören Spiralen aus Zitronen- oder Orangenschalen zu den echten Klassikern. Natürlich nicht ohne Grund: Die Zitrusnoten entfalten sich auf diese Weise hervorragend im Getränk. Dafür schält man die Frucht mit einem Sparschäler ringsherum in einem möglichst langen Streifen und gibt die Spirale zum Getränk. Beim Schälen sollte darauf geachtet werden, dass der Streifen schön dünn wird und wenig der weißen Schicht mitgeschält wird. Die Aromastoffe sind in der farbigen Schale enthalten; in der weißen hingegen befinden sich die Bitterstoffe der Frucht.

FÜR UNTERWEGS

Limo to go: Gekühlte hausgemachte Getränke für den Weg ins Büro oder den Besuch im Freibad sind schnell verpackt. Abgefüllt in einer Thermoskanne, bleibt eure Limo für einige Stunden schön kalt! Um beim Picknick im Grünen für eine Erfrischung zu garantieren, verstaut ihr einen Sack Eiswürfel (auch erhältlich im Supermarkt oder in der Tankstelle) am besten in einer isolierten Kühlbox. So seid ihr gut ausgerüstet!

LIMONA

Limonade, Eistee & Co.

HAUSGEMACHTE
ERFRISCHUNGSGETRÄNKE

YUZU-LIMONADE

CA. 500 ML, ERGIBT CA. 2,5 L LIMONADE

In Asien ist die Yuzu längst ein alter Hut: Die Zitrusfrucht kombiniert in ihrem intensiven, unverkennbaren Aroma den Geschmack von Limetten, Grapefruit und Mandarinen. Frisch ist sie schwer und meist nur zur Saison von Oktober bis Ende Dezember erhältlich. Ihren Saft bekommt man im gut sortierten Asialaden oder online.

ZUTATEN

150 ml Yuzu-Saft • 120 ml Zitronensaft, frisch gepresst • Zesten von 1 Bio-Zitrone (gern Yuzu) • 180 g Rohrzucker • Meersalz

ZUM SERVIEREN

Sprudelwasser • Zesten von Bio-Zitrone oder Yuzu • Eis

ZUBEREITUNG

Den Saft der Yuzu zusammen mit dem Zitronensaft, den Zitronenzesten, 250 ml Wasser sowie dem Rohrzucker verrühren. Mit 1 Prise Meersalz verfeinern und kurz aufkochen. Bei geringer Hitze 10 Minuten köcheln lassen und anschließend durch ein feines Sieb geben. Den Sirup kühl lagern.

Nach Belieben mit Sprudelwasser aufgießen und mit 1 Yuzu- oder Zitronenzeste auf Eis servieren.

Für etwas Schärfe einfach einige Scheiben Ingwer mitkochen.

ZITRONENGRAS-LIMO

CA. 500 ML, ERGIBT CA. 2,5 L LIMONADE

In Südostasien kennt man mehr als 50 verschiedene Arten des schilfähnlich wachsenden Zitronengrases. In dieser Limonade sorgen Limetten und Zitronengras für ein herrlich erfrischendes Zitruserlebnis!

ZUTATEN

300 ml Limettensaft, frisch gepresst • Zesten von 1 Bio-Limette • 120 g Rohrzucker • 4–5 Stangen Zitronengras • 20 g frischer Ingwer • Meersalz

ZUM SERVIEREN

Sprudelwasser • Zitronengras • Eis

ZUBEREITUNG

Den frisch gepressten Limettensaft mit den Limettenzesten, 250 ml Wasser sowie dem Rohrzucker verrühren. Dann das Zitronengras am Wurzelende zerdrücken und die Stangen sowie den Ingwer in Scheiben schneiden. Zusammen mit 1 Prise Salz zu dem Limettensaft geben und kurz aufkochen.

Bei geringer Hitze 10 Minuten köcheln lassen, vom Herd nehmen und weitere 10 Minuten ziehen lassen. Dann den Sirup durch ein feines Sieb geben und kühl lagern.

Nach Belieben mit Sprudelwasser aufgießen und mit jeweils 1 Stange Zitronengras auf Eis servieren.

Für mehr Zitrusaroma: einige Kaffir-Limettenblätter zugeben, diese kauft man tiefgekühlt im Asialaden.

TONIC-SIRUP

CA. 500 ML, ERGIBT CA. 3 L TONIC WATER

In vielen Kolonien war Tonic Water bis Mitte des 20. Jahrhunderts ein wirkungsvolles Mittel gegen Malaria. Das Chinin aus der Chinarinde sorgt für den bitteren Geschmack und senkte damals das Fieber. Kombiniert mit Limette, Zitrone und Grapefruit, wird diese Limonade zum erfrischenden Geschmackserlebnis von heute.

ZUTATEN

3 Stangen Zitronengras • 100 ml Zitronensaft, frisch gepresst, plus Schale von 1 Bio-Zitrone • 80 ml Limettensaft, frisch gepresst, plus Schale von 1 Bio-Limette • 50 ml Grapefruitsaft, frisch gepresst, plus Schale von ½ Bio-Grapefruit • 300 g Rohrzucker • 8 g Chinarinde • 4 Pimentkörner • 2 Wacholderbeeren • Meersalz

ZUM SERVIEREN

Sprudelwasser • Eis • Rosmarin • Zesten von 1 Bio-Zitrone

ZUBEREITUNG

Das Zitronengras am Wurzelende zerdrücken und in Scheiben schneiden. Zusammen mit 350 ml Wasser, dem Zitronensaft, dem Limettensaft, dem Grapefruitsaft sowie dem Rohrzucker verrühren und kurz aufkochen.

Anschließend die Gewürze, sowie die Schalen der Zitrusfrüchte mit 1 Prise Meersalz zugeben und 60 Minuten ziehen lassen. Durch ein Passiertuch geben und noch mal kurz aufkochen. Den Sirup kühl lagern.

Nach Belieben mit Sprudelwasser aufgießen und auf Eis mit jeweils 1 Zweig Rosmarin sowie 1 Zitronenzeste servieren.

Alternativ alle Zutaten verrühren und 2–3 Tage ziehen lassen.

Käsecracker, siehe Seite 93

GINGER BEER

CA. 500 ML, ERGIBT CA. 2,5 L LIMONADE

Ginger Beer wird meist mit einem „Ginger Bug“ fermentiert. Der Ansatz aus Ingwer, Zucker und Wasser verleiht dem Getränk nicht nur ein intensives Aroma, sondern auch die Kohlensäure. Die Fermentation ist zeitintensiv und erzeugt eine geringe Menge Alkohol. Diese Limonade dagegen ist schnell gemacht und alkoholfrei!

ZUTATEN

180 g frischer Bio-Ingwer • 150 ml Zitronensaft, frisch gepresst • Zesten von 1 Bio-Zitrone • 250 g Rohrzucker • Meersalz

ZUM SERVIEREN

Sprudelwasser • Zitronenscheiben • Eis

ZUBEREITUNG

Den Ingwer waschen und mitsamt der Schale grob reiben. Zusammen mit dem frisch gepressten Zitronensaft sowie den Zitronenzesten und dem Rohrzucker verrühren. Mit 380 ml Wasser auffüllen, mit 1 Prise Meersalz verfeinern und kurz aufkochen. Bei geringer Hitze 15 Minuten köcheln lassen. Anschließend vom Herd nehmen und weitere 15 Minuten ziehen lassen, dann durch ein feines Sieb geben. Den Sirup kühl lagern.

Nach Belieben mit Sprudelwasser aufgießen und mit Zitronenscheiben auf Eis servieren.

Für mehr Schärfe den Ingwer feiner reiben und länger ziehen lassen.

Salzmandeln,
siehe Seite 93

LIMEQUATS-SQUASH

ERGIBT CA. 1 L LIMONADE

Kumquats sehen aus wie kleine Orangen und sind botanisch gesehen enge Verwandte der Zitrusfrüchte. Durch die Kreuzung von Kumquats und Limetten sind Limequats entstanden. Beide Sorten lassen sich samt Schale und Kernen verzehren, haben ein säuerliches Fruchtfleisch und eine leicht herbe Schale.

ZUTATEN

300 g Limequats • 100 g Kumquats • 60 g Rohrzucker • Meersalz

ZUM SERVIEREN

Sprudelwasser • Eis

ZUBEREITUNG

Die Limequats und Kumquats heiß abwaschen, trocken tupfen und halbieren. Beides nach und nach mit etwas Rohrzucker zerstoßen. Den restlichen Rohrzucker sowie 1 Prise Meersalz zugeben und gut durchrühren, bis sich der Rohrzucker löst. Anschließend mit 700 ml Sprudelwasser auffüllen und auf Eis servieren.

SALZIGE LIMONADE

ERGIBT CA. 1 L LIMONADE

In Vietnam werden Zitronen in Salzwasser eingelegt und über Monate in der Sonne gelagert. Die Flüssigkeit wird, gesüßt und mit Wasser verdünnt, als salziges Erfrischungsgetränk serviert. Der Drink bringt bei hohen Temperaturen wohltuende Abkühlung, genau wie diese salzige Limonade mit Zitronen- und Grapefruitsaft!

ZUTATEN

150 ml Grapefruitsaft, frisch gepresst • 100 ml Zitronensaft, frisch gepresst • 75 ml Limettensaft, frisch gepresst • 65 g Rohrzucker • ⅓ TL Meersalz

ZUM SERVIEREN

Sprudelwasser • 1 Bio-Limette • Eis

ZUBEREITUNG

Den frisch gepressten Saft der Grapefruit, der Zitrone und der Limette verrühren. Den Zucker sowie das Meersalz zugeben und gut durchrühren, bis sich der Zucker löst. Anschließend mit 700 ml Sprudelwasser auffüllen und mit einigen Limettenspalten und Eis servieren.

Ein spannendes Geschmackserlebnis ist hier ein süß-salziger Glasrand (siehe Tipp Seite 17).

GURKEN-BASILIKUM-LIMO

ERGIBT CA. 1 L LIMONADE

Gurken harmonieren mit Süße und Säure, erfrischen durch den hohen Wasseranteil und bringen Farbe ins Glas – Grund genug für eine Gurkenlimo! Diese Variante ist schnell zubereitet und erfrischt an heißen Tagen.

ZUTATEN

300 g Bio-Salatgurke • 50 ml Zitronensaft, frisch gepresst • 30 g Basilikum • 60 g Honig • Meersalz

ZUM SERVIEREN

Sprudelwasser • Gurke • Eis

ZUBEREITUNG

Die Salatgurke waschen und klein schneiden. Zusammen mit dem Zitronensaft, 200 ml kaltem Wasser und dem Basilikum in einem Mixer fein pürieren. Mit dem Honig und 1 Prise Meersalz verfeinern und durch ein feines Sieb geben. Mit 500–800 ml Sprudelwasser auffüllen und mit einigen Gurkenscheiben auf Eis servieren.

Anstatt des Basilikums einfach frische Minze verwenden. Wagemutige können auch etwas Wasabi unterrühren.

KIRSCH-ESTRAGON-LIMO

CA. 500 ML, ERGIBT CA. 2,5 L LIMONADE

Süßkirschen bestechen optisch durch ihre dunkle, intensive Farbe, sind herrlich saftig und geschmacklich ein Genuss. Begleitet wird die Süße der Kirsche von der leicht bitteren Note der Bittermandelessenz, die dieser Limonade das besondere Etwas verleiht!

ZUTATEN

500 g Süßkirschen, entsteint • 100 ml Limettensaft, frisch gepresst • 220 g Rohrzucker • 10 g Estragon • 1–2 TL Bittermandelessenz • Meersalz

ZUM SERVIEREN

Sprudelwasser • Estragon • frische Süßkirschen • Eis

ZUBEREITUNG

Die Kirschen zusammen mit dem frisch gepressten Limettensaft, dem Rohrzucker und 220 ml Wasser kurz aufkochen. Bei geringer Hitze 20 Minuten köcheln lassen, 3 Minuten vor Ende der Kochzeit den Estragon, die Bittermandelessenz und 1 Prise Meersalz zugeben. Dann durch ein Passiertuch geben und dabei die Kirschen gut ausdrücken. Den Sirup kühl lagern.

Nach Belieben mit Sprudelwasser aufgießen und mit Estragon und frischen Kirschen auf Eis servieren.

Die Zuckermenge sollte man an die Süße der Kirschen anpassen. Wer keine frischen Kirschen bekommt, kann zu Tiefkühlware greifen.

PASSIONSFRUCHT-LIMO

CA. 500 ML, ERGIBT CA. 2,5 L LIMONADE

Häufig wird die violette Passionsfrucht mit der gelben Maracuja verwechselt. Das geleeartige Fruchtfleisch der Passionsfrucht ist süß und säuerlich zugleich. Mit dem Orangenblütenwasser kombiniert, erwartet euch pure Exotik im Glas!

ZUTATEN

250 g Passionsfruchtmark (von ca. 12 Früchten) • 100 ml Zitronensaft, frisch gepresst • 160 g Rohrzucker • Meersalz • 2 EL Orangenblütenwasser

ZUM SERVIEREN

Sprudelwasser • Passionsfrucht • Orangenspalten • Eis

ZUBEREITUNG

Das Passionsfruchtmark samt Kernen zusammen mit dem frisch gepressten Zitronensaft, 250 ml Wasser, Rohrzucker, 1 Prise Meersalz sowie dem Orangenblütenwasser verrühren. Kurz aufkochen und bei geringer Hitze 15 Minuten köcheln lassen. Anschließend durch ein feines Sieb geben und kühl lagern.

Nach Belieben mit Sprudelwasser aufgießen, mit etwas frischem Passionsfruchtmark und aufgespießten Orangenspalten auf Eis servieren.

Auch lecker mit 2–3 Kaffir-Limettenblättern: Einfach dazugeben und mitkochen.

GRANATAPFEL-LIMO

CA. 500 ML, ERGIBT CA. 2,5 L LIMONADE

In der Antike galt der Granatapfel aufgrund seiner vielen Samen als Fruchtbarkeitssymbol. Nicht verwunderlich, denn in einem Granatapfel können sich bis zu 400 der rot leuchtenden Kerne verbergen. Der Saft ist reich an Vitaminen und Mineralstoffen. Die Verbindung mit den Zimtblüten sorgt für ein exotisches Geschmackserlebnis.

ZUTATEN

500 ml Granatapfelsaft (von ca. 3–5 Früchten), frisch gepresst • Zesten von 1 Bio-Zitrone • 100 ml Zitronensaft, frisch gepresst • 150 g Rohrzucker • 1 TL Zimtblüten • Meersalz

ZUM SERVIEREN

Sprudelwasser • Eis • Minze

ZUBEREITUNG

Den Granatapfelsaft zusammen mit den Zitronenzesten und dem frisch gepressten Saft der Zitrone sowie dem Rohrzucker verrühren. Die Zimtblüten grob mörsern und mit 1 Prise Meersalz zugeben. Alles zusammen aufkochen, bei geringer Hitze 15 Minuten köcheln und 15 Minuten ziehen lassen. Anschließend durch ein Passiertuch geben. Den Sirup kühl lagern.

Nach Belieben mit Sprudelwasser aufgießen und jeweils mit 1 Zweig Minze auf Eis servieren.

BROMBEER-SALBEI-LIMO

CA. 500 ML, ERGIBT CA. 3 L LIMONADE

Bei dieser Limonade erwachen Kindheitserinnerungen an Sommertage in Omas Garten: Ihr selbst gekochter Sirup aus Brombeeren wurde mit stark sprudelndem Wasser aufgegossen. Ein Genuss, der nicht nur Kinderherzen höherschlagen lässt!

ZUTATEN

450 g frische Brombeeren • Abrieb von 1 Bio-Zitrone • 120 ml Zitronensaft, frisch gepresst • 100 ml Orangensaft, frisch gepresst • 110 g Rohrzucker • ½ Stange Ceylon-Zimt • 5–7 g Salbei • Meersalz

ZUM SERVIEREN

Sprudelwasser • frische Brombeeren • Salbei • Eis

ZUBEREITUNG

Die Brombeeren verlesen und mit dem Zitronenabrieb, dem frisch gepressten Zitronensaft sowie dem Orangensaft, 150 ml Wasser und dem Rohrzucker verrühren. Mit der ½ Stange Zimt aufkochen und bei geringer Hitze 15 Minuten köcheln lassen, 5 Minuten vor Ende der Kochzeit den Salbei und 1 Prise Meersalz zugeben. Anschließend durch ein Passiertuch geben und dabei die Brombeeren gut ausdrücken. Den Sirup kühl lagern.

Nach Belieben mit Sprudelwasser aufgießen und mit Beeren und Salbeiblättern auf Eis servieren.

Salbei gibt es in zahlreichen Sorten. Einer unserer Favoriten ist der frisch fruchtige Ananassalbei.

MELONEN-MINZ-LIMO

CA. 500 ML, ERGIBT CA. 2,5 L LIMONADE

Die Kombination aus süßer Melone mit Limette und Minze verspricht eine köstliche Erfrischung. Für ein besonders frisches Melonenaroma mit einem Kugelausstecher Kugeln aus dem Fruchtfleisch ausstechen, diese einfrieren und anstelle von Eiswürfeln zur Limo geben.

ZUTATEN

500 g Cantaloupe-Melone, entkernt und ohne Schale • Abrieb von 1 Bio-Limette • 120 ml Limettensaft, frisch gepresst • 110 g Rohrohrzucker • 10 g Minze • Meersalz

ZUM SERVIEREN

Sprudelwasser • Minze • Eis

ZUBEREITUNG

Die Cantaloupe-Melone in kleine Würfel schneiden oder grob raspeln. Zusammen mit dem Abrieb der Limette, dem frisch gepressten Limettensaft, 100 ml Wasser und dem Rohrohrzucker aufkochen. 15 Minuten bei geringer Hitze köcheln lassen, 3 Minuten vor Ende der Kochzeit die Minze sowie 1 Prise Meersalz zugeben. Anschließend durch ein Passiertuch geben und dabei die Melone gut ausdrücken. Den Sirup kühl lagern.

Nach Belieben mit Sprudelwasser aufgießen und mit jeweils 1 Zweig Minze auf Eis servieren.

Gern noch etwas Abrieb von Galgant oder Ingwer dazugeben.

ERDBEER-SHRUB

CA. 500 ML, ERGIBT CA. 3 L LIMONADE

Ein Shrub ist ein Fruchtsirup auf Essigbasis. Traditionell besteht er aus nur drei Zutaten: Frucht, Essig und Zucker. Zusammen ergibt das ein ungewöhnlich frisches Geschmackserlebnis, das man unbedingt probieren sollte!

ZUTATEN

350 g frische Erdbeeren • 1 Bio-Orange, Saft und Abrieb • 220 g Vollrohrzucker • 230 ml Balsamico bianco • 10 g Stangenpfeffer • Meersalz

ZUM SERVIEREN

Sprudelwasser • Erdbeerscheiben • Eis

ZUBEREITUNG

Die Erdbeeren waschen, vom Strunk entfernen und in kleine Würfel schneiden. Zusammen mit dem Abrieb sowie dem Saft der Orange und dem Vollrohrzucker vermischen und mit dem Balsamico bianco auffüllen. Den Stangenpfeffer grob mörsern und zusammen mit 1 Prise Meersalz unterrühren.

Alles in ein Glas füllen und 1–2 Tage im Kühlschrank durchziehen lassen, zwischendurch mal umrühren, damit sich der Zucker löst. Anschließend durch ein Passiertuch geben und dabei die Erdbeeren gut ausdrücken. Den Erdbeer-Shrub kühl lagern.

Nach Belieben mit Sprudelwasser aufgießen und mit einigen Erdbeerscheiben auf Eis servieren.

Mehr Aroma? Dafür den Shrub 1 Woche im Kühlschrank reifen lassen.

APFEL-THYMIAN-SHRUB

CA. 500 ML, ERGIBT CA. 3 L LIMONADE

Dieser Shrub ist eine schöne Alternative zur simplen Apfelschorle. Die feinsäuerliche Note der Äpfel harmoniert perfekt mit der Tonkabohne. Alternativ lässt sich der Apfel-Shrub auch mit einer Vanilleschote zubereiten.

ZUTATEN

500 g saure Äpfel, z. B. Ingrid Marie oder Elstar • 1 Bio-Limette, Saft und Abrieb • 200 g Rohrzucker • 250 ml naturtrüber Apfelessig • ½–1 Tonkabohne • 10 g Thymian • Meersalz

ZUM SERVIEREN

Sprudelwasser • Thymian • Eis

ZUBEREITUNG

Die Äpfel waschen und grob raspeln. Es werden insgesamt 350 g geraspelte Äpfel benötigt. Diese zusammen mit dem Abrieb sowie dem Saft der Limette und dem Rohrzucker vermischen und mit dem naturtrüben Apfelessig auffüllen. Die Tonkabohne fein reiben, zusammen mit dem Thymian und 1 Prise Meersalz unterrühren.

Alles in ein Glas füllen und 1–2 Tage im Kühlschrank durchziehen lassen, zwischendurch mal umrühren, damit sich der Zucker löst. Anschließend durch ein Passiertuch geben und dabei die Apfelraspeln gut ausdrücken. Den Apfel-Shrub kühl lagern.

Nach Belieben mit Sprudelwasser aufgießen und mit jeweils 1 Thymianzweig auf Eis servieren.

SNOW CONES – DAS SCHNELLE WASSEREIS

CA. JE 500 ML SIRUP

Schnee im Sommer? Aber ja! Für dieses einfach zubereitete Wassereis wird Shaved Ice, das traditionell von einem großen Eisblock geschabt wird, mit fruchtigem Sirup übergossen. Alternativ lässt sich einfach etwas Crushed Ice in einem leistungsstarken Mixer fein mixen.

Stilecht wird es in Spitzbechern aus Papier serviert – aus kleinen Schalen oder Gläsern kann natürlich genauso gut gelöffelt werden.

ZUBEREITUNG

Die Früchte oder Beeren gründlich waschen und bis auf die Blaubeeren grob klein schneiden. Alle Zutaten, bis auf die frischen Kräuter, miteinander verrühren und kurz aufkochen. Bei geringer Hitze 15 Minuten köcheln lassen, 3 Minuten vor Ende der Kochzeit die frischen Kräuter zugeben. Anschließend durch ein Passiertuch geben und dabei die Früchte und Beeren gut ausdrücken. Den Sirup kühl lagern.

Nach Belieben das Shaved Ice mit dem gut vorgekühlten Sirup tränken.

BLAUBEERE-LAVENDEL

ZUTATEN

300 g Blaubeeren • 120 ml Orangensaft, frisch gepresst • 80 ml Zitronensaft, frisch gepresst • 200 ml Wasser • 100 g Rohrzucker • 5 g frischer Ingwer • 1–2 TL Lavendelblüten • 1 Prise Meersalz

ERDBEER-BASILIKUM

ZUTATEN

450 g Erdbeeren • 100 ml Zitronensaft, frisch gepresst • 250 ml Wasser • 140 g Rohrzucker • ½ Vanilleschote • 30 g Basilikum • 1 Prise Meersalz

RHABARBER-ZITRONENMELISSE

ZUTATEN

300 g Rhabarber • 150 ml Grapefruitsaft, frisch gepresst • 50 ml Zitronensaft, frisch gepresst • 100 ml Wasser • 200 g Rohrzucker • 15 g Zitronenmelisse • 1 Prise Meersalz

MANGO-KARDAMOM

ZUTATEN

300 g Mango, entkernt und ohne Schale • 5 g frischer Ingwer • 100 ml Orangensaft, frisch gepresst • 100 ml Zitronensaft, frisch gepresst • 150 ml Wasser • 100 g Rohrzucker • 3 Kapseln Kardamom • 1 Prise Meersalz

Für die Snow Cones kann jeder andere Sirup verwendet werden; genauso sind diese Sirups auch als Limonade gut geeignet.

APRIKOSEN-FASSBRAUSE

CA. 500 ML, ERGIBT CA. 2,5 L FASSBRAUSE

Aprikosen wachsen und gedeihen am besten in warmen und trockenen Gebieten (von Mai bis August). Alternativ dazu könnt ihr auch Pfirsiche oder Pflaumen verwenden, um diese herrlich erfrischende Fassbrause herzustellen.

ZUTATEN

400 ml naturtrüber Apfelsaft • 120 ml Zitronensaft, frisch gepresst • 10 g frischer Ingwer • 1 Stange Süßholz, ca. 12 cm • 450 g reife Aprikosen • 5 g Rosmarin • 1–2 EL Malzextrakt • Meersalz

ZUM SERVIEREN

Sprudelwasser • Rosmarinzweig

ZUBEREITUNG

Den naturtrüben Apfelsaft zusammen mit dem frisch gepressten Zitronensaft verrühren. Den Ingwer in dünne Scheiben schneiden, zusammen mit dem Saft und der Stange Süßholz kurz aufkochen und 10 Minuten bei geringer Hitze köcheln lassen.

In der Zwischenzeit die Aprikosen waschen, halbieren und entkernen. Dann das Fruchtfleisch in kleine Stücke schneiden, zusammen mit dem Rosmarin zu dem Saft geben und weitere 15 Minuten köcheln lassen. Anschließend den Malzextrakt und 1 Prise Meersalz unterrühren, durch ein Passiertuch geben und dabei die Aprikosen gut ausdrücken. Den Sirup kühl lagern.

Nach Belieben mit kaltem Sprudelwasser aufgießen und mit je 1 Zweig Rosmarin servieren.

Für eine feine Würze eine ganze Muskatblüte mitkochen.

Brezelhappen,
siehe Seite 93

INGWER-FASSBRAUSE

CA. 500 ML, ERGIBT CA. 2,5 L FASSBRAUSE

Fassbrause gibt es in unterschiedlichen Geschmacksrichtungen, diese müssen nicht immer fruchtig sein, wie unsere Kräuterbrause beweist. Denn hier sorgt Estragon, gepaart mit Ingwer, für ein frisch-würziges Brauseerlebnis mit einer dezenten Schärfe.

ZUTATEN

120 g frischer Bio-Ingwer • Zesten von 1 Bio-Zitrone • 200 ml Zitronensaft, frisch gepresst • 35 g Rohrohrzucker • 2 Stangen Süßholz, je ca. 12 cm • 50 g Estragon • 2–3 EL Malzextrakt • Meersalz

ZUM SERVIEREN

Sprudelwasser

ZUBEREITUNG

Den Ingwer waschen und mit der Schale grob reiben. Zusammen mit 350 ml Wasser, den Zitronenzesten und dem frisch gepressten Saft der Zitrone verrühren. Mit dem Rohrohrzucker und den Süßholzstangen kurz aufkochen und etwa 10 Minuten bei geringer Hitze köcheln lassen.

Anschließend den Estragon, den Malzextrakt und 1 Prise Meersalz zugeben und 30 Minuten ziehen lassen. Den Sirup durch ein Passiertuch geben und kühl lagern.

Nach Belieben mit kaltem Sprudelwasser aufgießen und kalt servieren.

HIMBEER-FASSBRAUSE

CA. 500 ML, ERGIBT CA. 2,5 L FASSBRAUSE

Diese Fassbrause besticht durch ihre kräftige Farbe, verführt mit dem duftig-blumigen Geschmack der Rose und verwöhnt mit der Süße der Himbeeren alle Sinne!

ZUTATEN

500 g frische Himbeeren • Zesten von 1 Bio-Zitrone • 80 ml Zitronensaft, frisch gepresst • 1 EL getrocknete Rosenblüten • 1 Stange Süßholz, ca. 12 cm • 40 g Rohrohrzucker • 80–100 ml Rosenwasser • 2 EL Malzextrakt • Meersalz

ZUM SERVIEREN

Sprudelwasser

ZUBEREITUNG

Die Himbeeren verlesen, mit den Zitronenzesten, dem frisch gepressten Saft der Zitrone sowie 500 ml Wasser verrühren. Mit den getrockneten Rosenblüten, der Stange Süßholz und dem Zucker kurz aufkochen und etwa 20 Minuten bei geringer Hitze auf etwa 400 ml einkochen lassen.

Anschließend das Rosenwasser, den Malzextrakt und 1 Prise Meersalz zugeben, durch ein Passiertuch geben und die Himbeeren ausdrücken. Den Sirup kühl lagern.

Nach Belieben mit Sprudelwasser aufgießen und eiskalt servieren.

Beim Rosenwasser darauf achten, dass es frei von Alkohol, Konservierungs- oder künstlichen Aromastoffen ist.

SANDDORN-FASSBRAUSE

CA. 500 ML, ERGIBT CA. 2,5 L FASSBRAUSE

Aus Apfelkonzentrat, Kräutern, Malz und Wasser stellte 1908 ein Berliner Chemiker die erste Fassbrause für seinen Sohn her. Ein schäumendes Erfrischungsgetränk ganz ohne Alkohol! Unsere Brause mit Apfel und Sanddorn erinnert an einen Spätsommer an der Küste.

ZUTATEN

700 ml naturtrüber Apfelsaft • 350 g Sanddornbeeren, tiefgekühlt • Zesten von 1 Bio-Zitrone • 80 ml Zitronensaft, frisch gepresst • 40 g Rohrohrzucker • 1 Stange Süßholz, ca. 12 cm • 1 Sternanis • 2 EL Malzextrakt • Meersalz

ZUM SERVIEREN

Sprudelwasser

ZUBEREITUNG

Den naturtrüben Apfelsaft zusammen mit den Sanddornbeeren, den Zitronenzesten und dem frisch gepressten Saft der Zitrone vermengen. Mit dem Rohrohrzucker und der Stange Süßholz kurz aufkochen und etwa 20 Minuten bei geringer Hitze auf etwa 500 ml einkochen lassen.

Anschließend den Malzextrakt und 1 Prise Meersalz zugeben und fein pürieren. Den Sirup durch ein Passiertuch geben und kühl lagern.

Nach Belieben mit Sprudelwasser aufgießen und eiskalt servieren.

Sanddornbeeren gibt es tiefgekühlt in russischen Supermärkten oder online. Eine Alternative ist Sanddornmark.

ANANAS-KOKOS-WASSER

ERGIBT 1 L AROMAWASSER

Dies ist die pikante Light-Version einer Piña Colada: alkoholfrei, klassisch mit Kokos und Ananas, verfeinert mit einem Hauch Chili. Beim Kauf einer frischen Kokosnuss sollte man darauf achten, dass sie beim Schütteln gluckert. Denn je frischer sie ist, desto mehr Kokoswasser verbirgt sich in ihrem Innern.

ZUTATEN

100 g Ananas • 10 g frischer Bio-Ingwer • ½ scharfe Chilischote • 50 g Kokosnussfleisch, in Spalten • 250 ml Kokosnusswasser, ungezuckert • 750 ml Wasser, still oder sprudelnd

ZUM SERVIEREN

Eis

ZUBEREITUNG

Die Ananas sowie den Ingwer waschen und in feine Scheiben schneiden. Die Chilischote längs halbieren und dann entkernen. Alles zusammen mit dem Kokosnussfleisch vermengen und mit dem Kokosnusswasser sowie dem stillen oder sprudelnden Wasser aufgießen. Mindestens 2 Stunden im Kühlschrank ziehen lassen, am besten aber über Nacht, und auf Eis servieren.

BIRKEN-BIRNEN-WASSER

ERGIBT 1 L AROMAWASSER

Im Frühjahr ziehen Birken Wasser aus dem Boden und pumpen es in Stämme und Äste. Um an diesen Saft zu gelangen, den wir als Birkenwasser oder Birkensaft kaufen können, werden die Stämme der Birke angebohrt. Der Saft enthält wertvolle Inhaltsstoffe und Mineralien. In diesem Aromawasser sorgt er in Kombination mit der Birne für eine schöne Frische und einen Hauch Süße.

ZUTATEN

150 g reife Birnen • 5 g Minze • 300 ml Birkensaft, ungezuckert • 700 ml Wasser, still oder sprudelnd

ZUM SERVIEREN

Eis

ZUBEREITUNG

Die Birnen waschen und in feine Scheiben schneiden, die Minze unter fließendem Wasser abbrausen. Alles zusammen mit dem Birkensaft sowie dem Wasser aufgießen und für mindestens 2 Stunden im Kühlschrank ziehen lassen, am besten aber über Nacht, und auf Eis servieren.

1–2 Sternanis oder Kardamomkapseln geben dem Aromawasser mehr Würze.

ROTE-BETE-WASSER

ERGIBT 1 L AROMAWASSER

Die Rote Bete ist eine wahre Vitaminbombe, vielseitig einsetzbar, und bringt durch das Betanin kräftig Farbe in den Alltag. Geschmacklich besticht sie mit einem intensiv süßlicherdigen Aroma, das durch Zugabe von etwas Säure und Süße erst richtig in Fahrt kommt.

ZUTATEN

50–70 g Rote Bete • 10 g frischer Bio-Ingwer • 10 g Zitronenthymian • ½ Bio-Limette • 1 l Wasser, still oder sprudelnd

ZUM SERVIEREN

Eis

ZUBEREITUNG

Die Rote Bete schälen und den Ingwer gründlich waschen und in feine Scheiben schneiden. Den Zitronenthymian unter fließendem Wasser abbrausen, die Limette heiß abwaschen und ebenfalls in feine Scheiben schneiden. Zusammen mit dem Wasser aufgießen und mindestens 2 Stunden im Kühlschrank ziehen lassen, am besten aber über Nacht, und auf Eis servieren.

Wer mag, kann das Aromawasser nach Belieben mit Agavendicksaft süßen.

Gemüsechips,
siehe Seite 92

ERDBEER-WASSER

ERGIBT 1 L AROMAWASSER

Der intensive Geschmack der Erdbeeren harmoniert in diesem Aromawasser wunderbar mit den Anisnoten des Fenchels. Abgerundet wird alles mit einer Vanilleschote. Eine leckere, sommerliche Erfrischung.

ZUTATEN

100 g Erdbeeren • 50 g Fenchel • ½ Bio-Limette • ½ Vanilleschote • 1 l Wasser, still oder sprudelnd

ZUM SERVIEREN

Eis

ZUBEREITUNG

Die Erdbeeren und den Fenchel gründlich waschen. Die Erdbeeren vom Strunk befreien und in feine Scheiben schneiden. Den Fenchel am besten fein hobeln. Die Limette heiß abwaschen und ebenfalls in feine Scheiben schneiden, die Vanilleschote längs halbieren. Alles zusammen mit dem Wasser aufgießen und mindestens 2 Stunden im Kühlschrank ziehen lassen, am besten aber über Nacht, und auf Eis servieren.

Die Vanilleschote ist recht intensiv im Aroma und kann mehrmals verwendet werden. Anstatt Vanille schmeckt auch Zimt.

AGUA FRESCA – FRUCHTIG UND HERZHAFT

ERGIBT JEWEILS CA. 1 L AGUA FRESCA

Aguas frescas sind in Mexiko beliebte Durstlöscher: Dort sieht man an vielen Straßenecken kleine Stände, die in großen Ballonflaschen das Getränk in verschiedenen Geschmacksrichtungen anbieten. Die Mischung aus Fruchtpüree und Wasser ist schnell zubereitet und eiskalt serviert herrlich erfrischend. Perfekt für heiße Sommertage! Da Aguas frescas auch als herzhafte Drinks ausgezeichnet schmecken, findet ihr auf Seite 72 auch Varianten mit Gemüse, z. B. als Aperitif für die nächste Grillparty.

ZUBEREITUNG

Für das Agua fresca die Früchte grob zerkleinern und zusammen mit den restlichen Zutaten in einem Mixer fein pürieren. Anschließend durch ein engmaschiges Sieb geben, dabei gut ausdrücken und kalt stellen.

Das Agua fresca gut gekühlt oder auf Eis servieren.

PFIRSICH-SALBEI

ZUTATEN
350 g Pfirsiche, entsteint • 50 ml Limettensaft, frisch gepresst • 2–5 frische Salbeiblätter (ca. 3 g) • 1 Prise Meersalz • 700 ml Wasser, still oder sprudelnd

WASSERMELONE-CHILI

ZUTATEN
500 g Wassermelone, entkernt und ohne Schale • 50 ml Limettensaft, frisch gepresst • ½ TL Piment d´Espelette • 1 EL Agavendicksaft • 1 Prise Meersalz • 500 ml Wasser, still oder sprudelnd

MELONE-ROSMARIN

ZUTATEN
450 g Cantaloupe-Melone, entkernt und ohne Schale • 50 ml Zitronensaft, frisch gepresst • 2–3 Zweige Rosmarin • 1 EL Agavendicksaft • 1 Prise Meersalz • 600 ml Wasser, still oder sprudelnd

ANANAS-KURKUMA

ZUTATEN
350 g Ananas, ohne Schale • 50 ml Zitronensaft, frisch gepresst • 1 TL Kurkuma, frisch gerieben • 1 EL Agavendicksaft • 1 Prise Meersalz • 700 ml Wasser, still oder sprudelnd

Aguas frescas lassen sich beliebig mit verschiedenen Kräutern verfeinern und mit Honig oder Agavendicksaft süßen.

TOMATE-WASSERMELONE

ZUTATEN

200 g Tomaten • 150 g Wassermelone, entkernt und ohne Schale • 100 g rote Paprika, entkernt • 1 Bio-Zitrone, Abrieb und Saft • ½ TL Fenchelsaat • 1 Prise Piment d'Espelette • 1 EL Agavendicksaft • 550 ml Wasser, still oder sprudelnd • 1 Prise Meersalz

ZUM SERVIEREN

Eis • Basilikum

ZUBEREITUNG

Das Gemüse gründlich waschen, die Tomaten vom Strunk befreien und zusammen mit der Wassermelone sowie der Paprika in kleine Stücke schneiden. Die Zitrone heiß abwaschen, die Schale fein abreiben und den Saft auspressen. Alle Zutaten zusammen in einem Mixer fein pürieren, durch ein feines Sieb geben und kalt stellen.

Am besten auf Eis mit einigen Blättern Basilikum servieren.

Pikant: Einfach etwas frische Chili zugeben.

GURKE-SELLERIE

ZUTATEN

250 g Bio-Salatgurke • 50 g Staudensellerie • ½ Bio-Limette, Abrieb und Saft • 5 g Minze • 1 EL Agavendicksaft • 700 ml Wasser, still oder sprudelnd • 1 Prise Meersalz

ZUM SERVIEREN

Eis • Minze

ZUBEREITUNG

Das Gemüse gründlich waschen und in kleine Stücke schneiden. Die Limette heiß abwaschen, die Schale fein abreiben und den Saft auspressen. Alle Zutaten in einem Mixer fein pürieren, durch ein feines Sieb geben und kalt stellen.

Am besten auf Eis und mit einigen Zweigen Minze servieren.

Gurke harmoniert auch wunderbar mit Basilikum.

MATCHA-EISTEE

CA. 500 ML, ERGIBT CA. 1,5 L EISTEE

Japanischer Matcha-Tee aus gemahlenen Grünteeblättern ist Kult. Bei Teezeremonien wird er traditionell in einer Teeschale mithilfe eines Bambusbesens aufgeschlagen und sofort getrunken. Diese moderne Interpretation des koffeinhaltigen Muntermachers kommt in Form eines kühlen Eistees mit leichten Zitrusaromen daher.

ZUTATEN

50 g frisches Zitronengras • 20 g frischer Bio-Ingwer • Zesten von 1 Bio-Zitrone • 220 ml Zitronensaft, frisch gepresst • 200 g Rohrzucker • Meersalz

ZUM SERVIEREN

Matcha-Tee • Eis

ZUBEREITUNG

Das Zitronengras am Wurzelende zerdrücken und die Stangen sowie den Ingwer in Scheiben schneiden. Beides zusammen mit den Zesten und dem Saft der Zitrone, 300 ml Wasser und dem Rohrzucker verrühren. Mit 1 Prise Salz verfeinern, kurz aufkochen und etwa 5 Minuten bei geringer Hitze köcheln lassen. Anschließend vom Herd nehmen und weitere 15 Minuten ziehen lassen. Den Sirup durch ein feines Sieb geben und kühl lagern.

5 TL Matcha-Pulver in 1–1,5 l Wasser auflösen und kalt stellen. Den Zitronengras-Sirup nach Belieben mit kalten Matcha-Tee aufgießen und auf Eis servieren.

ANANAS-CURRY-EISTEE

CA. 500 ML, ERGIBT CA. 1,5 L EISTEE

Currymischungen sind den indischen Masalas nachempfunden, schmeicheln aber durch eine mildere Schärfe mehr unserem europäischen Gaumen. Die unterschiedlichen Mischungen bestehen aus 10–20 verschiedenen Gewürzen. Hier trifft ein aromatisch, mildes Curry auf fruchtige Ananas – ein Glas voller Exotik!

ZUTATEN

400 g Ananas, ohne Schale • 150 ml Orangensaft, frisch gepresst • 100 ml Zitronensaft, frisch gepresst • 120 g Rohrohrzucker • 10 g frischer Bio-Ingwer • 2–3 TL Madras-Currypulver • Meersalz

ZUM SERVIEREN

schwarzer Tee • Eis

ZUBEREITUNG

Das Ananasfruchtfleisch in kleine Würfel schneiden und zusammen mit dem frisch gepressten Orangensaft sowie Zitronensaft, 100 ml Wasser und dem Rohrohrzucker verrühren. Den Ingwer waschen, in dünne Scheiben schneiden und zusammen mit dem Madras-Currypulver und 1 Prise Meersalz zugeben. Alles zusammen kurz aufkochen und 20–25 Minuten bei geringer Hitze köcheln lassen. Anschließend durch ein Passiertuch geben und dabei die Ananas gut ausdrücken. Den Sirup kühl lagern.

Den Ananassirup mit etwa 1 l schwarzem Tee aufgießen und auf Eis servieren.

Karamell-Popcorn, siehe Seite 92

PFIRSICH-EISTEE

CA. 500 ML, ERGIBT CA. 1,5 L EISTEE

Eistee ist nicht nur an heißen Sommertagen eine tolle Erfrischung! Diese Variante des klassischen Pfirsich-Eistees wird mit grünem Tee und Basilikum zubereitet. Die süßen Fruchtaromen der sonnengereiften Pfirsiche harmonieren wunderbar mit der Frische und dem unverwechselbaren Geschmack des Basilikums.

ZUTATEN

400 g reife Pfirsiche • 100 ml Limettensaft, frisch gepresst • 180 g Rohrzucker • 50 g Basilikum • Meersalz

ZUM SERVIEREN

grüner Tee • Pfirsichspalten • Basilikum • Eis

ZUBEREITUNG

Die Pfirsiche waschen, halbieren und entsteinen. Das Fruchtfleisch in kleine Stücke schneiden, zusammen mit dem frisch gepressten Limettensaft, 350 ml Wasser und dem Rohrzucker kurz aufkochen und 15–20 Minuten köcheln lassen. Dann das Basilikum und 1 Prise Meersalz zugeben und 10 Minuten ziehen lassen. Durch ein Passiertuch geben und dabei die Pfirsiche gut ausdrücken. Den Sirup kühl lagern.

Den Pfirsichsirup mit 1 l grünem Tee aufgießen und mit einigen Pfirsichspalten und Basilikum auf Eis servieren.

Je nach Süße der Pfirsiche die Zuckermenge anpassen.

GRAPEFRUIT-EISTEE

CA. 500 ML, ERGIBT CA. 1,5 L EISTEE

Sollen wir etwas mit charakteristisch bitterem Geschmack nennen, fällt uns sofort die Grapefruit ein. Je nach Sorte variiert ihr Geschmack von süßlich bis sauer sowie von leicht herb bis bitter. Dieser Eistee bietet mit seinen herben Aromen eine wunderbare Erfrischung.

ZUTATEN

Zesten von ½ Bio-Grapefruit • 500 ml Grapefruitsaft, frisch gepresst • 100 ml Zitronensaft, frisch gepresst • 200 g Rohrohrzucker • 10 g frischer Bio-Ingwer • 15 g Thymian • Meersalz

ZUM SERVIEREN

grüner Tee • Grapefruitspalten • Thymianzweige • Eis

ZUBEREITUNG

Die Zesten und den frisch gepressten Saft der Grapefruit zusammen mit Zitronensaft sowie dem Rohrohrzucker verrühren. Den Ingwer in dünne Scheiben schneiden und zugeben. Alles zusammen kurz aufkochen und etwa 10 Minuten bei geringer Hitze köcheln lassen. Anschließend den Thymian und 1 Prise Meersalz zugeben und 15 Minuten ziehen lassen. Den Sirup durch ein Passiertuch geben und kühl lagern.

Den Grapefruitsirup mit etwa 1 l grünem Tee aufgießen. Zusammen mit einigen Grapefruitspalten und Thymianzweigen auf Eis servieren.

COLD-BREW-COFFEE

ERGIBT CA. 300 ML KONZENTRAT

Für Cold Brew wird frisch gemahlener Kaffee mit kaltem Wasser angerührt. Dieser Kaffee enthält weniger Säure und Bitterstoffe und ist etwa 2 Wochen haltbar und mit dem Tonkabohnen-Eis definitiv mehr als nur „kalter Kaffee".

ZUTATEN

100 g Kaffee, frisch gemahlen • 250 ml Milch • 50 ml Kokosblütensirup • ½ Tonkabohne • 1 Prise Ceylon-Zimt • Meersalz • 150 ml kalte Sahne

ZUBEREITUNG

Den frisch gemahlenen Kaffee mit 500 ml kaltem Wasser aufgießen und zugedeckt 12–24 Stunden im Kühlschrank ziehen lassen, dann durch einen Kaffeefilter sieben. Das Kaffeekonzentrat mischt man nun im Verhältnis 1:2–1:3 mit Wasser.

Für das Tonkabohnen-Eis die Milch zusammen mit dem Kokosblütensirup, der fein geriebenen Tonkabohne, 1 Prise Ceylon-Zimt sowie 1 Prise Meersalz kurz aufkochen und wieder abkühlen lassen. Dann die kalte Sahne cremig aufschlagen und mit der Milch verrühren, in Eiswürfelformen füllen und über Nacht einfrieren.

Den Cold-Brew-Coffee auf dem Tonkabohnen-Eis servieren.

CHAI-EISKAFFEE

ERGIBT CA. 1 L EISKAFFEE

Eine tolle Alternative zu klassischem Eiskaffee ist dieser aromatische Gewürzkaffee! Zusätzlich zum Kaffee sorgen Kardamom, Nelken und Ingwer bei diesem belebenden Muntermacher für ein besonderes Geschmackserlebnis.

ZUTATEN

1 Stange Ceylon-Zimt • 5 Kardamomkapseln • 2 Sternanis • 3 Nelken • 1 TL Fenchelsaat • 20 g frischer Bio-Ingwer • ½ TL Muskatnuss • 75 g Kaffee, frisch gemahlen

ZUM SERVIEREN

Milch • Agavendicksaft • Eis

ZUBEREITUNG

Die Gewürze bis auf die Muskatnuss im Mörser grob zerstoßen und in einem Topf bei mittlerer Hitze anrösten, bis sie duften. Den Ingwer in feine Scheiben schneiden und mit der frisch geriebenen Muskatnuss zu den Gewürzen geben. Mit 1,1 l Wasser auffüllen, kurz aufkochen und vom Herd nehmen. Den frisch gemahlenen Kaffee zugeben und 30 Minuten ziehen lassen. Dann durch einen Kaffeefilter sieben.

Den Eiskaffee nach Belieben mit Milch aufgießen und mit Agavendicksaft süßen. Auf Eis servieren.

Den Gewürzkaffee in Eiswürfelformen einfrieren und anstatt normaler Eiswürfel verwenden; so verwässert der Eiskaffee nicht.

JOHANNISBEER-LASSI

ERGIBT CA. 500 ML LASSI

Die wohl bekannteste Sorte der Johannisbeere ist die leicht herbe Schwarze Johannisbeere. Die Rote Johannisbeere hingegen schmeckt säuerlich und die eher seltene Weiße Johannisbeere ist eher süßlich im Geschmack. Durch die säuerliche Note der Roten Johannisbeere ist dieser Lassi eine fruchtige Erfrischung an heißen Tagen.

ZUTATEN

250 g frische Rote Johannisbeeren • 80 g griechischer Joghurt, 10 % Fettgehalt • 100 ml Grapefruitsaft, frisch gepresst • 2–4 EL Honig, nach Belieben • ⅓ TL Meersalz

ZUM SERVIEREN

Johannisbeerrispen • feiner Zucker

ZUBEREITUNG

Die Johannisbeeren unter fließendem Wasser abbrausen, mithilfe einer Gabel die Beeren von den Rispen streifen und zusammen mit den restlichen Zutaten und 120 ml kaltem Wasser in einem Mixer fein pürieren. Für einige Zeit kalt stellen.

Vor dem Servieren einige Rispen in feinem Zucker wälzen und zur Dekoration an den Glasrand hängen.

Für ein spannendes Aroma 2–3 Zweige Zitronenmelisse mitpürieren.

ROTE-BETE-HIMBEER-LASSI

ERGIBT CA. 500 ML LASSI

Die süßen Fruchtaromen der Himbeere, kombiniert mit der erdigen Note des Wurzelgemüses sorgen für ein Geschmacksfeuerwerk. Rote Bete schmeckt gebacken noch intensiver: Dafür frische Rote Bete gut waschen, in Alufolie wickeln und im Ofen bei 200 °C Umluft etwa 1 Stunde backen. Nach dem Abkühlen geht es ab in den Mixer!

ZUTATEN

80 g Rote Bete, gegart und geschält • 125 g Himbeeren • 80 g griechischer Joghurt, 10 % Fettgehalt • 1 TL Bio-Ingwer, frisch gerieben • 1 Spritzer Limettensaft, frisch gepresst • Meersalz • 1–2 EL Honig

ZUM SERVIEREN

Himbeerspieß

ZUBEREITUNG

Die Rote Bete grob würfeln und zusammen mit den Himbeeren, dem griechischen Joghurt und 150 ml kaltem Wasser in einem Mixer fein pürieren. Mit frisch geriebenem Ingwer und 1 Spritzer Limettensaft verfeinern. Zum Schluss nur noch mit 1 Prise Salz und Honig nach Belieben abschmecken.

Gut gekühlt mit 1 Himbeerspieß servieren.

Auch sehr lecker mit 1 Prise Kreuzkümmel.

Würzige Kichererbsen,
siehe Seite 92

MANGO-KURKUMA-LASSI

ERGIBT CA. 500 ML LASSI

Der Mango-Lassi ist der Klassiker unter den Joghurtgetränken! In Indien wird er oft zu scharfen Currys serviert; denn der Joghurt macht den Lassi nicht nur cremig, sondern mildert durch den Fettgehalt die Schärfe. Zudem ist er das perfekte Getränk an heißen Sommertagen!

ZUTATEN

200 g Mango, entkernt und ohne Schale • 150 g griechischer Joghurt, 10 % Fettgehalt • 40 ml Limettensaft, frisch gepresst • 1 TL Kurkuma, frisch gerieben • ½ TL Ingwer, frisch gerieben • Meersalz • Honig

ZUM SERVIEREN

Minze

ZUBEREITUNG

Das Mango-Fruchtfleisch zusammen mit dem Griechischen Joghurt, dem Limettensaft und 120 ml kaltem Wasser in einem Mixer fein pürieren. Mit frisch geriebenem Kurkuma sowie etwas Ingwer verfeinern. Zum Schluss nur noch mit 1 Prise Salz und Honig nach Belieben abschmecken.

Gut gekühlt mit etwas Minze servieren.

Exotischer wird der Mango-Lassi mit 1 Prise frisch gemahlenem Kardamom.

Snackrezepte

KARAMELL-POPCORN

ZUTATEN
2–4 EL Rapsöl • 150 g Popcorn-Mais • 100 g Zucker • 50 ml Honig • 30 g Butter • 50 ml Sahne • ½ TL Backpulver • ½ TL Meersalz

ZUBEREITUNG
Das Rapsöl in einen breiten Topf geben, sodass der Topfboden gleichmäßig bedeckt ist. Das Öl stark erhitzen und dann den Popcorn-Mais zugeben. Zugedeckt bei mittlerer Hitze aufpoppen lassen, bis keine Geräusche mehr zu hören sind.

Für das Karamell den Zucker zusammen mit dem Honig karamellisieren, die Butter sowie die Sahne zugeben und etwa 2 Minuten köcheln lassen, bis der Karamell Blasen wirft. Das Backpulver mit dem Meersalz in den Karamell geben. Vorsicht, es schäumt stark auf!

Den Karamell über das fertige Popcorn geben und schnell verrühren, im Backofen bei 120 °C Umluft 15 Minuten trocknen.

SALZMANDELN

ZUTATEN
1–2 EL Meersalz • 250 g Mandeln

ZUBEREITUNG
Das Meersalz in 150 ml Wasser auflösen. Die Mandeln bei mittlerer Hitze in einer Pfanne ohne Fett anrösten. Das Salzwasser zu den Mandeln geben, unter Rühren vollständig verkochen lassen, bis sich eine Salzschicht über die Mandeln legt.

GEMÜSECHIPS

ZUTATEN
500 g Gemüse, z. B. bunte Beten, Süßkartoffeln, Möhren • 1–2 EL Olivenöl • ½ TL Kreuzkümmel • ½ TL Cayennepfeffer • 1 TL Meersalz

ZUBEREITUNG
Das Gemüse waschen, schälen und in feine Scheiben hobeln. Die Gemüsescheiben mit dem Olivenöl, dem Kreuzkümmel, dem Cayennepfeffer und dem Meersalz marinieren. Auf einem mit Backpapier ausgelegten Blech verteilen und im Backofen bei etwa 120 °C Umluft 30–60 Minuten trocknen, dabei ab und an wenden. Die Backzeit variiert je nach Gemüsesorte und der Dicke der Gemüsescheiben.

WÜRZIGE KICHERERBSEN

ZUTATEN
800 ml-Dose Kichererbsen • 2 EL Rapsöl • 4 EL Weizen-Vollkornmehl • 1 EL Madras-Currypulver • 1 TL Kreuzkümmel • 1 TL Meersalz

ZUBEREITUNG
Den Backofen auf 220 °C Umluft vorheizen. Die Kichererbsen mit kaltem Wasser abbrausen, gut abtropfen lassen und mit dem Rapsöl verrühren. Mit den restlichen Zutaten gut vermengen und auf ein mit Backpapier ausgelegtes Blech geben. 20–30 Minuten knusprig backen, zwischendurch umrühren.

Die würzigen Kichererbsen auskühlen lassen und luftdicht aufbewahren.

BREZELHAPPEN

ZUTATEN

15 g Rohrzucker • 1 Päckchen Trockenhefe • 40 g zimmerwarme Butter • 200 g Weizenmehl, Type 550 • 350 g Dinkel-Vollkornmehl • 1 TL Meersalz • 50 g Natron • Salzflocken

Eistreiche: 1 Eigelb • 1 EL Milch

ZUBEREITUNG

Den Rohrzucker mit der Hefe in 200 ml warmem Wasser auflösen. Zusammen mit der Butter, dem Mehl und dem Salz etwa 5 Minuten zu einem geschmeidigen Teig kneten. Anschließend 45 Minuten zugedeckt an einem warmen Platz gehen lassen. Den Teig in daumendicke Rollen wirken, kleine Happen abstechen und weitere 30 Minuten gehen lassen. In der Zwischenzeit in einem großen Topf 1 l Wasser aufkochen, das Natron zugeben und etwas abkühlen lassen. Den Backofen auf 220 °C Ober-/Unterhitze vorheizen.

Die Brezelhappen kurz in das Natrongemisch eintauchen, auf einem mit Backpapier ausgelegten Backblech verteilen und mit der Eistreiche bepinseln. Nach Belieben mit Salzflocken bestreuen und etwa 10 Minuten goldbraun backen.

KÄSECRACKER

ZUTATEN

50 g Haferflocken • 60 ml Milch • 40 g zimmerwarme Butter • 1 Ei • 80 g Dinkel-Vollkornmehl • ⅓ TL Backpulver • ⅓ TL Meersalz • 100 g würzigen Käse, z. B. reifen Cheddar oder Bergkäse

Eistreiche: 1 Eigelb • 1 EL Milch

ZUBEREITUNG

Die Haferflocken mit der Milch aufgießen und 5 Minuten ziehen lassen. Anschließend die zimmerwarme Butter cremig aufschlagen und das Ei zugeben. Das Dinkel-Vollkornmehl mit dem Backpulver und dem Meersalz verrühren.

Den Käse fein reiben und alle Zutaten zu einem Teig vermengen und im Kühlschrank 10 Minuten ruhen lassen. Anschließend den Teig auf einer bemehlten Fläche dünn ausrollen, in Cracker schneiden und nochmals 5 Minuten kühl ruhen lassen.

Den Backofen auf 180 °C Umluft vorheizen, die Cracker mit der Eistreiche bepinseln und 15–20 Minuten knusprig backen.

Süß oder salzig, frisch und einfach zubereitet: Snacks für zwischendurch, unterwegs oder den Kinoabend zu Hause.

Register

Team

ANTON ENNS,
Autor, Koch & Foodstylist

Die Leidenschaft zu gutem Essen machte Anton Enns sich zum Beruf. Seit seiner Ausbildung zum Koch lernte er in verschiedenen Restaurants die Vielseitigkeit der unterschiedlichen Küchen schätzen. Seine Erfahrung, Inspiration und Kreativität bringt er nun in seine Arbeit als Foodstylist und Rezeptautor ein. Bei exklusiven Kochevents seiner Gaumenwerkstatt überzeugt er seine Gäste mit neuen, leckeren Kreationen. **www.gaumenwerkstatt.de**

TOP 3 FAVORITEN
• Erdbeer-Shrub (Seite 45) • Kirsch-Estragon-Limo (Seite 34) • Salzige Limonade (Seite 30)

NADJA BUCHCZIK,
Autorin, Fotografin

Seit dem Abschluss ihres Fotografiestudiums an der Fachhochschule Bielefeld arbeitet Nadja Buchczik als freie Fotodesignerin für Verlage, Agenturen und Unternehmen. Mit Hingabe fotografiert sie Geschichten, die Magazine und Bücher verschiedener Sparten illustrieren. Ob Editorial, Porträt, Garten oder Food, ihre Bilder überzeugen durch eine natürliche, gefühlvolle und frische Optik.
www.nadjabuchczik.de

TOP 3 FAVORITEN
• Yuzu-Limonade (Seite 21) • Apfel-Thymian-Shrub (Seite 47) • Ananas-Curry-Eistee (Seite 73)

Danksagung

Ein großes Dankeschön geht an **Pfeffersack & Soehne** für die fantastische Auswahl an unterschiedlichen Gewürzen, die mit individuellem Charakter den Erfrischungsgetränken ein ganz besonderes Aroma verliehen haben. Das vielfältige Sortiment gibt es auf www.pfeffersackundsoehne.de.

Besonderer Dank geht an **Laura** und **Wolfgang** für die wundervollen Fundstücke von Oma Boucsein.

Silke und **Jörn** sagen wir lieben Dank für die Leihgaben aus ihrer Requisite.

Im Team der Edition Michael Fischer geht unser herzlicher Dank an **Natascha Mössbauer** für die „erfrischende" Zusammenarbeit. Danke für das Vertrauen in unsere Arbeit und den fröhlich „prickelnden" Austausch! **Verena Raith** sagen wir danke für die kreative Gestaltung des Buchs!

Impressum

Bibliografische Information der Deutschen Bibliothek.

Die Deutsche Bibliothek verzeichnet diese Publikation in der deutschen Nationalbibliografie.

Detaillierte bibliografische Daten sind im Internet über http://www.dnb.de/ abrufbar.

EIN BUCH DER EDITION MICHAEL FISCHER

1. Auflage 2018

Covergestaltung: Michaela Zander
Redaktion und Lektorat: Annika Christof, Natascha Mössbauer
Layout: Verena Raith
Satz: Viktoria Zettel
Fotos: Nadja Buchczik, Bielefeld
Foodstyling: Anton Enns, Bielefeld

ISBN 978-3-86355-992-2

Gedruckt bei Polygraf Print, Čapajevova 44, 08001 Prešov, Slowakei

www.emf-verlag.de